Detalles

Nombre:

Empresa:

Número de teléfono:

Número de teléfono:

Correo electrónico:

AF354561

Detalles de emergencia:

Nombre:

Empresa:

Nombre:

Empresa:

Importante:

| Fecha: | | Dia: | Lun | Mar | Mie | Jue | Vie | Sab | Dom |

Capataz

Contacto:

Horas perdidas por mal tiempo	Visitante

Las condiciones climáticas	
AM	PM

Horario	Problemas/retrasos
Fecha de realización:	
Días antes de lo previsto:	
Días de retraso:	

Temas de seguridad	Accidentes/ Incidentes

Resumen del trabajo realizado hoy

Firmar:	Nombre:

Equipo en el sitio:	Unidades	Trabajar	
		Sí	No

Empleados / Contratista	Acto	Compatible horario acordado	Horas extras

Materiales suministrados	Desde y precio	Equipo alquilado	Unidades

Notas

Fecha:		Dia:	Lun Mar Mie Jue Vie Sab Dom
Capataz			
Contacto:			

Horas perdidas por mal tiempo	Visitante

Las condiciones climáticas	
AM	PM

Horario | Problemas/retrasos

Horario		Problemas/retrasos
Fecha de realización:		
Días antes de lo previsto:		
Días de retraso:		

Temas de seguridad	Accidentes/ Incidentes

Resumen del trabajo realizado hoy

Firmar:	Nombre:

Equipo en el sitio:	Unidades	Trabajar	
		Sí	No

Empleados / Contratista	Acto	Compatible horario acordado	Horas extras

Materiales suministrados	Desde y precio	Equipo alquilado	Unidades

Notas

Fecha:		Dia:	Lun Mar Mie Jue Vie Sab Dom
Capataz			
Contacto:			

Horas perdidas por mal tiempo

Visitante

Las condiciones climáticas

AM	PM

Horario

Fecha de realización:

Días antes de lo previsto:

Días de retraso:

Problemas/retrasos

Temas de seguridad

Accidentes/ Incidentes

Resumen del trabajo realizado hoy

Firmar:	Nombre:

Equipo en el sitio:	Unidades	Trabajar	
		Sí	No

Empleados / Contratista	Acto	Compatible horario acordado	Horas extras

Materiales suministrados	Desde y precio	Equipo alquilado	Unidades

Notas

Fecha:		Dia:	Lun	Mar	Mie	Jue	Vie	Sab	Dom
Capataz									
Contacto:									

Horas perdidas por mal tiempo	Visitante

Las condiciones climáticas	
AM	PM

Horario		Problemas/retrasos
Fecha de realización:		
Días antes de lo previsto:		
Días de retraso:		

Temas de seguridad	Accidentes/ Incidentes

Resumen del trabajo realizado hoy

Firmar:	Nombre:

Equipo en el sitio:	Unidades	Trabajar	
		Sí	No

Empleados / Contratista	Acto	Compatible horario acordado	Horas extras

Materiales suministrados	Desde y precio	Equipo alquilado	Unidades

Notas

Fecha:		Dia:	Lun	Mar	Mie	Jue	Vie	Sab	Dom
Capataz									
Contacto:									

Horas perdidas por mal tiempo

Visitante

Las condiciones climáticas

AM	PM

Horario

Fecha de realización:	
Días antes de lo previsto:	
Días de retraso:	

Problemas/retrasos

Temas de seguridad

Accidentes/ Incidentes

Resumen del trabajo realizado hoy

Firmar:	Nombre:

Equipo en el sitio:	Unidades	Trabajar	
		Sí	No

Empleados / Contratista	Acto	Compatible horario acordado	Horas extras

Materiales suministrados	Desde y precio	Equipo alquilado	Unidades

Notas

Fecha:		Dia:	Lun	Mar	Mie	Jue	Vie	Sab	Dom
Capataz									
Contacto:									

Horas perdidas por mal tiempo	Visitante

Las condiciones climáticas

AM	PM

Horario	Problemas/retrasos
Fecha de realización:	
Días antes de lo previsto:	
Días de retraso:	

Temas de seguridad	Accidentes/ Incidentes

Resumen del trabajo realizado hoy

Firmar:	Nombre:

Equipo en el sitio:	Unidades	Trabajar	
		Sí	No

Empleados / Contratista	Acto	Compatible horario acordado	Horas extras

Materiales suministrados	Desde y precio	Equipo alquilado	Unidades

Notas

Fecha:		Dia:	Lun	Mar	Mie	Jue	Vie	Sab	Dom
Capataz									
Contacto:									

Horas perdidas por mal tiempo	Visitante

Las condiciones climáticas

AM	PM

Horario	Problemas/retrasos
Fecha de realización:	
Días antes de lo previsto:	
Días de retraso:	

Temas de seguridad	Accidentes/ Incidentes

Resumen del trabajo realizado hoy

Firmar:	Nombre:

Equipo en el sitio:	Unidades	Trabajar	
		Sí	No

Empleados / Contratista	Acto	Compatible horario acordado	Horas extras

Materiales suministrados	Desde y precio	Equipo alquilado	Unidades

Notas

Fecha:		Dia:	Lun	Mar	Mie	Jue	Vie	Sab	Dom
Capataz									
Contacto:									

Horas perdidas por mal tiempo	Visitante

Las condiciones climáticas	
AM	PM

Horario		Problemas/retrasos
Fecha de realización:		
Días antes de lo previsto:		
Días de retraso:		

Temas de seguridad	Accidentes/ Incidentes

Resumen del trabajo realizado hoy

Firmar:	Nombre:

Equipo en el sitio:	Unidades	Trabajar	
		Sí	No

Empleados / Contratista	Acto	Compatible horario acordado	Horas extras

Materiales suministrados	Desde y precio	Equipo alquilado	Unidades

Notas

Fecha:		Dia:	Lun	Mar	Mie	Jue	Vie	Sab	Dom
Capataz									
Contacto:									

Horas perdidas por mal tiempo	Visitante

Las condiciones climáticas

AM	PM

Horario	Problemas/retrasos
Fecha de realización:	
Días antes de lo previsto:	
Días de retraso:	

Temas de seguridad	Accidentes/ Incidentes

Resumen del trabajo realizado hoy

Firmar:	Nombre:

Equipo en el sitio:	Unidades	Trabajar	
		Sí	No

Empleados / Contratista	Acto	Compatible horario acordado	Horas extras

Materiales suministrados	Desde y precio	Equipo alquilado	Unidades

Notas

| Fecha: | | Dia: | Lun | Mar | Mie | Jue | Vie | Sab | Dom |

Capataz

Contacto:

Horas perdidas por mal tiempo	Visitante

Las condiciones climáticas

AM	PM

Horario	Problemas/retrasos
Fecha de realización:	
Días antes de lo previsto:	
Días de retraso:	

Temas de seguridad	Accidentes/ Incidentes

Resumen del trabajo realizado hoy

Firmar:	Nombre:

Equipo en el sitio:	Unidades	Trabajar	
		Sí	No

Empleados / Contratista	Acto	Compatible horario acordado	Horas extras

Materiales suministrados	Desde y precio	Equipo alquilado	Unidades

Notas

Fecha:		Dia:	Lun	Mar	Mie	Jue	Vie	Sab	Dom
Capataz									
Contacto:									

Horas perdidas por mal tiempo	Visitante

Las condiciones climáticas

AM	PM

Horario	Problemas/retrasos
Fecha de realización:	
Días antes de lo previsto:	
Días de retraso:	

Temas de seguridad	Accidentes/ Incidentes

Resumen del trabajo realizado hoy

Firmar:	Nombre:

Equipo en el sitio:	Unidades	Trabajar	
		Sí	No

Empleados / Contratista	Acto	Compatible horario acordado	Horas extras

Materiales suministrados	Desde y precio	Equipo alquilado	Unidades

Notas

Fecha:	Dia:	Lun Mar Mie Jue Vie Sab Dom
Capataz		
Contacto:		

Horas perdidas por mal tiempo	Visitante

Las condiciones climáticas	
AM	PM

Horario	Problemas/retrasos
Fecha de realización:	
Días antes de lo previsto:	
Días de retraso:	

Temas de seguridad	Accidentes/ Incidentes

Resumen del trabajo realizado hoy

Firmar:	Nombre:

Equipo en el sitio:	Unidades	Trabajar	
		Sí	No

Empleados / Contratista	Acto	Compatible horario acordado	Horas extras

Materiales suministrados	Desde y precio	Equipo alquilado	Unidades

Notas

Fecha:		Dia:	Lun	Mar	Mie	Jue	Vie	Sab	Dom
Capataz									
Contacto:									

Horas perdidas por mal tiempo	Visitante

Las condiciones climáticas

AM	PM

Horario	Problemas/retrasos
Fecha de realización:	
Días antes de lo previsto:	
Días de retraso:	

Temas de seguridad	Accidentes/ Incidentes

Resumen del trabajo realizado hoy

Firmar:	Nombre:

Equipo en el sitio:	Unidades	Trabajar	
		Sí	No

Empleados / Contratista	Acto	Compatible horario acordado	Horas extras

Materiales suministrados	Desde y precio	Equipo alquilado	Unidades

Notas

| Fecha: | | Dia: | Lun | Mar | Mie | Jue | Vie | Sab | Dom |

Capataz

Contacto:

Horas perdidas por mal tiempo	Visitante

Las condiciones climáticas	
AM	PM

Horario	Problemas/retrasos
Fecha de realización:	
Días antes de lo previsto:	
Días de retraso:	

Temas de seguridad	Accidentes/ Incidentes

Resumen del trabajo realizado hoy

Firmar:	Nombre:

Equipo en el sitio:	Unidades	Trabajar	
		Sí	No

Empleados / Contratista	Acto	Compatible horario acordado	Horas extras

Materiales suministrados	Desde y precio	Equipo alquilado	Unidades

Notas

Fecha:		Dia:	Lun	Mar	Mie	Jue	Vie	Sab	Dom

Capataz

Contacto:

Horas perdidas por mal tiempo	Visitante

Las condiciones climáticas

AM	PM

Horario	Problemas/retrasos
Fecha de realización:	
Días antes de lo previsto:	
Días de retraso:	

Temas de seguridad	Accidentes/ Incidentes

Resumen del trabajo realizado hoy

Firmar:	Nombre:

Equipo en el sitio:	Unidades	Trabajar	
		Sí	No

Empleados / Contratista	Acto	Compatible horario acordado	Horas extras

Materiales suministrados	Desde y precio	Equipo alquilado	Unidades

Notas

| Fecha: | | Dia: | Lun | Mar | Mie | Jue | Vie | Sab | Dom |

| Capataz | |
| Contacto: | |

Horas perdidas por mal tiempo	Visitante

Las condiciones climáticas

AM	PM

Horario	Problemas/retrasos
Fecha de realización:	
Días antes de lo previsto:	
Días de retraso:	

Temas de seguridad	Accidentes/ Incidentes

Resumen del trabajo realizado hoy

Firmar:	Nombre:

Equipo en el sitio:	Unidades	Trabajar	
		Sí	No

Empleados / Contratista	Acto	Compatible horario acordado	Horas extras

Materiales suministrados	Desde y precio	Equipo alquilado	Unidades

Notas

| Fecha: | | Dia: | Lun | Mar | Mie | Jue | Vie | Sab | Dom |

Capataz

Contacto:

Horas perdidas por mal tiempo	Visitante

Las condiciones climáticas	
AM	PM

Horario	Problemas/retrasos
Fecha de realización:	
Días antes de lo previsto:	
Días de retraso:	

Temas de seguridad	Accidentes/ Incidentes

Resumen del trabajo realizado hoy

Firmar:	Nombre:

| Equipo en el sitio: | Unidades | Trabajar | |
		Sí	No

Empleados / Contratista	Acto	Compatible horario acordado	Horas extras

Materiales suministrados	Desde y precio	Equipo alquilado	Unidades

Notas

Fecha:		Dia:	Lun	Mar	Mie	Jue	Vie	Sab	Dom
Capataz									
Contacto:									

Horas perdidas por mal tiempo	Visitante

Las condiciones climáticas

AM	PM

Horario	Problemas/retrasos
Fecha de realización:	
Días antes de lo previsto:	
Días de retraso:	

Temas de seguridad	Accidentes/ Incidentes

Resumen del trabajo realizado hoy

Firmar:	Nombre:

Equipo en el sitio:	Unidades	Trabajar	
		Sí	No

Empleados / Contratista	Acto	Compatible horario acordado	Horas extras

Materiales suministrados	Desde y precio	Equipo alquilado	Unidades

Notas

Fecha:		Dia:	Lun	Mar	Mie	Jue	Vie	Sab	Dom
Capataz									
Contacto:									

Horas perdidas por mal tiempo	Visitante

Las condiciones climáticas

AM	PM

Horario	Problemas/retrasos
Fecha de realización:	
Días antes de lo previsto:	
Días de retraso:	

Temas de seguridad	Accidentes/ Incidentes

Resumen del trabajo realizado hoy

Firmar:	Nombre:

Equipo en el sitio:	Unidades	Trabajar	
		Sí	No

Empleados / Contratista	Acto	Compatible horario acordado	Horas extras

Materiales suministrados	Desde y precio	Equipo alquilado	Unidades

Notas

Fecha:		Dia:	Lun Mar Mie Jue Vie Sab Dom
Capataz			
Contacto:			

Horas perdidas por mal tiempo	Visitante

Las condiciones climáticas	
AM	PM

Horario		Problemas/retrasos
Fecha de realización:		
Días antes de lo previsto:		
Días de retraso:		

Temas de seguridad	Accidentes/ Incidentes

Resumen del trabajo realizado hoy

Firmar:	Nombre:

Equipo en el sitio:	Unidades	Trabajar	
		Sí	No

Empleados / Contratista	Acto	Compatible horario acordado	Horas extras

Materiales suministrados	Desde y precio	Equipo alquilado	Unidades

Notas

Fecha:		Dia:	Lun	Mar	Mie	Jue	Vie	Sab	Dom
Capataz									
Contacto:									

Horas perdidas por mal tiempo	Visitante

Las condiciones climáticas

AM	PM

Horario	Problemas/retrasos
Fecha de realización:	
Días antes de lo previsto:	
Días de retraso:	

Temas de seguridad	Accidentes/ Incidentes

Resumen del trabajo realizado hoy

Firmar:	Nombre:

Equipo en el sitio:	Unidades	Trabajar	
		Sí	No

Empleados / Contratista	Acto	Compatible horario acordado	Horas extras

Materiales suministrados	Desde y precio	Equipo alquilado	Unidades

Notas

Fecha:		Dia:	Lun Mar Mie Jue Vie Sab Dom
Capataz			
Contacto:			

Horas perdidas por mal tiempo	Visitante

Las condiciones climáticas	
AM	PM

Horario	Problemas/retrasos
Fecha de realización:	
Días antes de lo previsto:	
Días de retraso:	

Temas de seguridad	Accidentes/ Incidentes

Resumen del trabajo realizado hoy

Firmar:	Nombre:

Equipo en el sitio:	Unidades	Trabajar	
		Sí	No

Empleados / Contratista	Acto	Compatible horario acordado	Horas extras

Materiales suministrados	Desde y precio	Equipo alquilado	Unidades

Notas

Fecha:		Dia:	Lun	Mar	Mie	Jue	Vie	Sab	Dom
Capataz									
Contacto:									

Horas perdidas por mal tiempo	Visitante

Las condiciones climáticas

AM	PM

Horario	Problemas/retrasos
Fecha de realización:	
Días antes de lo previsto:	
Días de retraso:	

Temas de seguridad	Accidentes/ Incidentes

Resumen del trabajo realizado hoy

Firmar:	Nombre:

Equipo en el sitio:	Unidades	Trabajar	
		Sí	No

Empleados / Contratista	Acto	Compatible horario acordado	Horas extras

Materiales suministrados	Desde y precio	Equipo alquilado	Unidades

Notas

Fecha:		Dia:	Lun	Mar	Mie	Jue	Vie	Sab	Dom
Capataz									
Contacto:									

Horas perdidas por mal tiempo	Visitante

Las condiciones climáticas

AM	PM

Horario	Problemas/retrasos
Fecha de realización:	
Días antes de lo previsto:	
Días de retraso:	

Temas de seguridad	Accidentes/ Incidentes

Resumen del trabajo realizado hoy

Firmar:	Nombre:

Equipo en el sitio:	Unidades	Trabajar	
		Sí	No

Empleados / Contratista	Acto	Compatible horario acordado	Horas extras

Materiales suministrados	Desde y precio	Equipo alquilado	Unidades

Notas

| Fecha: | | Dia: | Lun | Mar | Mie | Jue | Vie | Sab | Dom |

Capataz

Contacto:

Horas perdidas por mal tiempo	Visitante

Las condiciones climáticas	
AM	PM

Horario	Problemas/retrasos
Fecha de realización:	
Días antes de lo previsto:	
Días de retraso:	

Temas de seguridad	Accidentes/ Incidentes

Resumen del trabajo realizado hoy

Firmar:	Nombre:

Equipo en el sitio:		Unidades	Trabajar	
			Sí	No

Empleados / Contratista	Acto	Compatible horario acordado	Horas extras

Materiales suministrados	Desde y precio	Equipo alquilado	Unidades

Notas

| Fecha: | | Dia: | Lun | Mar | Mie | Jue | Vie | Sab | Dom |

| Capataz | |
| Contacto: | |

Horas perdidas por mal tiempo	**Visitante**

Las condiciones climáticas	
AM	PM

Horario	**Problemas/retrasos**
Fecha de realización:	
Días antes de lo previsto:	
Días de retraso:	

Temas de seguridad	**Accidentes/ Incidentes**

Resumen del trabajo realizado hoy

Firmar:	**Nombre:**

Equipo en el sitio:	Unidades	Trabajar	
		Sí	No

Empleados / Contratista	Acto	Compatible horario acordado	Horas extras

Materiales suministrados	Desde y precio	Equipo alquilado	Unidades

Notas

Fecha:		Dia:	Lun	Mar	Mie	Jue	Vie	Sab	Dom
Capataz									
Contacto:									

Horas perdidas por mal tiempo	Visitante

Las condiciones climáticas	
AM	PM

Horario	Problemas/retrasos
Fecha de realización:	
Días antes de lo previsto:	
Días de retraso:	

Temas de seguridad	Accidentes/ Incidentes

Resumen del trabajo realizado hoy

Firmar:	Nombre:

Equipo en el sitio:	Unidades	Trabajar	
		Sí	No

Empleados / Contratista	Acto	Compatible horario acordado	Horas extras

Materiales suministrados	Desde y precio	Equipo alquilado	Unidades

Notas

Fecha:		Dia:	Lun	Mar	Mie	Jue	Vie	Sab	Dom

Horas perdidas por mal tiempo	**Visitante**

Las condiciones climáticas	
AM	PM

Horario	**Problemas/retrasos**
Fecha de realización:	
Días antes de lo previsto:	
Días de retraso:	

Temas de seguridad	**Accidentes/ Incidentes**

Resumen del trabajo realizado hoy

Firmar:	**Nombre:**

Equipo en el sitio:	Unidades	Trabajar	
		Sí	No

Empleados / Contratista	Acto	Compatible horario acordado	Horas extras

Materiales suministrados	Desde y precio	Equipo alquilado	Unidades

Notas

<table>
<tr><td>Fecha:</td><td colspan="2"></td><td>Dia:</td><td colspan="3">Lun Mar Mie Jue Vie Sab Dom</td></tr>
<tr><td>Capataz</td><td colspan="6"></td></tr>
<tr><td>Contacto:</td><td colspan="6"></td></tr>
</table>

Horas perdidas por mal tiempo	Visitante

Las condiciones climáticas	
AM	PM

Horario		Problemas/retrasos
Fecha de realización:		
Días antes de lo previsto:		
Días de retraso:		

Temas de seguridad	Accidentes/ Incidentes

Resumen del trabajo realizado hoy

Firmar:	Nombre:

Equipo en el sitio:	Unidades	Trabajar	
		Sí	No

Empleados / Contratista	Acto	Compatible horario acordado	Horas extras

Materiales suministrados	Desde y precio	Equipo alquilado	Unidades

Notas

Fecha:		Dia:	Lun	Mar	Mie	Jue	Vie	Sab	Dom
Capataz									
Contacto:									

Horas perdidas por mal tiempo	Visitante

Las condiciones climáticas

AM	PM

Horario	Problemas/retrasos
Fecha de realización:	
Días antes de lo previsto:	
Días de retraso:	

Temas de seguridad	Accidentes/ Incidentes

Resumen del trabajo realizado hoy

Firmar:	Nombre:

Equipo en el sitio:	Unidades	Trabajar	
		Sí	No

Empleados / Contratista	Acto	Compatible horario acordado	Horas extras

Materiales suministrados	Desde y precio	Equipo alquilado	Unidades

Notas

Fecha:		Dia:	Lun	Mar	Mie	Jue	Vie	Sab	Dom
Capataz									
Contacto:									

Horas perdidas por mal tiempo	Visitante

Las condiciones climáticas	
AM	PM

Horario		Problemas/retrasos
Fecha de realización:		
Días antes de lo previsto:		
Días de retraso:		

Temas de seguridad	Accidentes/ Incidentes

Resumen del trabajo realizado hoy

Firmar:	Nombre:

Equipo en el sitio:	Unidades	Trabajar	
		Sí	No

Empleados / Contratista	Acto	Compatible horario acordado	Horas extras

Materiales suministrados	Desde y precio	Equipo alquilado	Unidades

Notas

Fecha:		Dia:	Lun	Mar	Mie	Jue	Vie	Sab	Dom
Capataz									
Contacto:									

Horas perdidas por mal tiempo	Visitante

Las condiciones climáticas

AM	PM

Horario	Problemas/retrasos
Fecha de realización:	
Días antes de lo previsto:	
Días de retraso:	

Temas de seguridad	Accidentes/ Incidentes

Resumen del trabajo realizado hoy

Firmar:	Nombre:

Equipo en el sitio:	Unidades	Trabajar	
		Sí	No

Empleados / Contratista	Acto	Compatible horario acordado	Horas extras

Materiales suministrados	Desde y precio	Equipo alquilado	Unidades

Notas

Fecha:		Dia:	Lun	Mar	Mie	Jue	Vie	Sab	Dom
Capataz									
Contacto:									

Horas perdidas por mal tiempo	Visitante

Las condiciones climáticas

AM	PM

Horario	Problemas/retrasos
Fecha de realización:	
Días antes de lo previsto:	
Días de retraso:	

Temas de seguridad	Accidentes/ Incidentes

Resumen del trabajo realizado hoy

Firmar:	Nombre:

Equipo en el sitio:	Unidades	Trabajar	
		Sí	No

Empleados / Contratista	Acto	Compatible horario acordado	Horas extras

Materiales suministrados	Desde y precio	Equipo alquilado	Unidades

Notas

| Fecha: | | Dia: | Lun | Mar | Mie | Jue | Vie | Sab | Dom |

Capataz

Contacto:

Horas perdidas por mal tiempo

Visitante

Las condiciones climáticas

AM	PM

Horario

Fecha de realización:	
Días antes de lo previsto:	
Días de retraso:	

Problemas/retrasos

Temas de seguridad

Accidentes/ Incidentes

Resumen del trabajo realizado hoy

Firmar:	Nombre:

Equipo en el sitio:	Unidades	Trabajar	
		Sí	No

Empleados / Contratista	Acto	Compatible horario acordado	Horas extras

Materiales suministrados	Desde y precio	Equipo alquilado	Unidades

Notas

Fecha:			Dia:	Lun	Mar	Mie	Jue	Vie	Sab	Dom
Capataz										
Contacto:										

Horas perdidas por mal tiempo	Visitante

Las condiciones climáticas	
AM	PM

Horario	Problemas/retrasos
Fecha de realización:	
Días antes de lo previsto:	
Días de retraso:	

Temas de seguridad	Accidentes/ Incidentes

Resumen del trabajo realizado hoy

Firmar:	Nombre:

Equipo en el sitio:	Unidades	Trabajar	
		Sí	No

Empleados / Contratista	Acto	Compatible horario acordado	Horas extras

Materiales suministrados	Desde y precio	Equipo alquilado	Unidades

Notas

<table>
<tr><td>Fecha:</td><td></td><td>Dia:</td><td>Lun Mar Mie Jue Vie Sab Dom</td></tr>
<tr><td>Capataz</td><td colspan="3"></td></tr>
<tr><td>Contacto:</td><td colspan="3"></td></tr>
</table>

Horas perdidas por mal tiempo	Visitante

Las condiciones climáticas	
AM	PM

Horario	Problemas/retrasos
Fecha de realización:	
Días antes de lo previsto:	
Días de retraso:	

Temas de seguridad	Accidentes/ Incidentes

Resumen del trabajo realizado hoy

Firmar:	Nombre:

Equipo en el sitio:	Unidades	Trabajar	
		Sí	No

Empleados / Contratista	Acto	Compatible horario acordado	Horas extras

Materiales suministrados	Desde y precio	Equipo alquilado	Unidades

Notas

Fecha:		Dia:	Lun	Mar	Mie	Jue	Vie	Sab	Dom
Capataz									
Contacto:									

Horas perdidas por mal tiempo	Visitante

Las condiciones climáticas

AM	PM

Horario	Problemas/retrasos
Fecha de realización:	
Días antes de lo previsto:	
Días de retraso:	

Temas de seguridad	Accidentes/ Incidentes

Resumen del trabajo realizado hoy

Firmar:	Nombre:

Equipo en el sitio:	Unidades	Trabajar	
		Sí	No

Empleados / Contratista	Acto	Compatible horario acordado	Horas extras

Materiales suministrados	Desde y precio	Equipo alquilado	Unidades

Notas

Fecha:		Dia:	Lun	Mar	Mie	Jue	Vie	Sab	Dom
Capataz									
Contacto:									

Horas perdidas por mal tiempo	Visitante

Las condiciones climáticas

AM	PM

Horario	Problemas/retrasos
Fecha de realización:	
Días antes de lo previsto:	
Días de retraso:	

Temas de seguridad	Accidentes/ Incidentes

Resumen del trabajo realizado hoy

Firmar:	Nombre:

Equipo en el sitio:	Unidades	Trabajar	
		Sí	No

Empleados / Contratista	Acto	Compatible horario acordado	Horas extras

Materiales suministrados	Desde y precio	Equipo alquilado	Unidades

Notas

Fecha:		Dia:	Lun	Mar	Mie	Jue	Vie	Sab	Dom
Capataz									
Contacto:									

Horas perdidas por mal tiempo	Visitante

Las condiciones climáticas

AM	PM

Horario	Problemas/retrasos
Fecha de realización:	
Días antes de lo previsto:	
Días de retraso:	

Temas de seguridad	Accidentes/ Incidentes

Resumen del trabajo realizado hoy

Firmar:	Nombre:

Equipo en el sitio:	Unidades	Trabajar	
		Sí	No

Empleados / Contratista	Acto	Compatible horario acordado	Horas extras

Materiales suministrados	Desde y precio	Equipo alquilado	Unidades

Notas

Fecha:		Dia:	Lun	Mar	Mie	Jue	Vie	Sab	Dom
Capataz									
Contacto:									

Horas perdidas por mal tiempo	Visitante

Las condiciones climáticas

AM	PM

Horario	Problemas/retrasos
Fecha de realización:	
Días antes de lo previsto:	
Días de retraso:	

Temas de seguridad	Accidentes/ Incidentes

Resumen del trabajo realizado hoy

Firmar:	Nombre:

Equipo en el sitio:	Unidades	Trabajar	
		Sí	No

Empleados / Contratista	Acto	Compatible horario acordado	Horas extras

Materiales suministrados	Desde y precio	Equipo alquilado	Unidades

Notas

Fecha:		Dia:	Lun Mar Mie Jue Vie Sab Dom
Capataz			
Contacto:			

Horas perdidas por mal tiempo	Visitante

Las condiciones climáticas	
AM	PM

Horario		Problemas/retrasos
Fecha de realización:		
Días antes de lo previsto:		
Días de retraso:		

Temas de seguridad	Accidentes/ Incidentes

Resumen del trabajo realizado hoy

Firmar:	Nombre:

Equipo en el sitio:	Unidades	Trabajar	
		Sí	No

Empleados / Contratista	Acto	Compatible horario acordado	Horas extras

Materiales suministrados	Desde y precio	Equipo alquilado	Unidades

Notas

Fecha:		Dia:	Lun	Mar	Mie	Jue	Vie	Sab	Dom
Capataz									
Contacto:									

Horas perdidas por mal tiempo	Visitante

Las condiciones climáticas

AM	PM

Horario	Problemas/retrasos
Fecha de realización:	
Días antes de lo previsto:	
Días de retraso:	

Temas de seguridad	Accidentes/ Incidentes

Resumen del trabajo realizado hoy

Firmar:	Nombre:

Equipo en el sitio:	Unidades	Trabajar	
		Sí	No

Empleados / Contratista	Acto	Compatible horario acordado	Horas extras

Materiales suministrados	Desde y precio	Equipo alquilado	Unidades

Notas

Fecha:		Dia:	Lun	Mar	Mie	Jue	Vie	Sab	Dom
Capataz									
Contacto:									

Horas perdidas por mal tiempo	Visitante

Las condiciones climáticas

AM	PM

Horario	Problemas/retrasos
Fecha de realización:	
Días antes de lo previsto:	
Días de retraso:	

Temas de seguridad	Accidentes/ Incidentes

Resumen del trabajo realizado hoy

Firmar:	Nombre:

Equipo en el sitio:	Unidades	Trabajar	
		Sí	No

Empleados / Contratista	Acto	Compatible horario acordado	Horas extras

Materiales suministrados	Desde y precio	Equipo alquilado	Unidades

Notas

Fecha:		Dia:	Lun	Mar	Mie	Jue	Vie	Sab	Dom
Capataz									
Contacto:									

Horas perdidas por mal tiempo	Visitante

Las condiciones climáticas	
AM	PM

Horario	Problemas/retrasos
Fecha de realización:	
Días antes de lo previsto:	
Días de retraso:	

Temas de seguridad	Accidentes/ Incidentes

Resumen del trabajo realizado hoy

Firmar:	Nombre:

Equipo en el sitio:	Unidades	Trabajar	
		Sí	No

Empleados / Contratista	Acto	Compatible horario acordado	Horas extras

Materiales suministrados	Desde y precio	Equipo alquilado	Unidades

Notas

Fecha:		Dia:	Lun	Mar	Mie	Jue	Vie	Sab	Dom
Capataz									
Contacto:									

Horas perdidas por mal tiempo	Visitante

Las condiciones climáticas	
AM	PM

Horario		Problemas/retrasos
Fecha de realización:		
Días antes de lo previsto:		
Días de retraso:		

Temas de seguridad	Accidentes/ Incidentes

Resumen del trabajo realizado hoy

Firmar:	Nombre:

Equipo en el sitio:	Unidades	Trabajar	
		Sí	No

Empleados / Contratista	Acto	Compatible horario acordado	Horas extras

Materiales suministrados	Desde y precio	Equipo alquilado	Unidades

Notas

| Fecha: | | Dia: | Lun | Mar | Mie | Jue | Vie | Sab | Dom |

| Capataz | |
| Contacto: | |

Horas perdidas por mal tiempo	Visitante

Las condiciones climáticas	
AM	PM

Horario	Problemas/retrasos
Fecha de realización:	
Días antes de lo previsto:	
Días de retraso:	

Temas de seguridad	Accidentes/ Incidentes

Resumen del trabajo realizado hoy

Firmar:	Nombre:

Equipo en el sitio:	Unidades	Trabajar	
		Sí	No

Empleados / Contratista	Acto	Compatible horario acordado	Horas extras

Materiales suministrados	Desde y precio	Equipo alquilado	Unidades

Notas

Fecha:		Dia:	Lun	Mar	Mie	Jue	Vie	Sab	Dom
Capataz									
Contacto:									

Horas perdidas por mal tiempo	Visitante

Las condiciones climáticas	
AM	PM

Horario	Problemas/retrasos
Fecha de realización:	
Días antes de lo previsto:	
Días de retraso:	

Temas de seguridad	Accidentes/ Incidentes

Resumen del trabajo realizado hoy

Firmar:	Nombre:

Equipo en el sitio:	Unidades	Trabajar	
		Sí	No

Empleados / Contratista	Acto	Compatible horario acordado	Horas extras

Materiales suministrados	Desde y precio	Equipo alquilado	Unidades

Notas

Fecha:		Dia:	Lun Mar Mie Jue Vie Sab Dom
Capataz			
Contacto:			

Horas perdidas por mal tiempo	Visitante

Las condiciones climáticas	
AM	PM

Horario	Problemas/retrasos
Fecha de realización:	
Días antes de lo previsto:	
Días de retraso:	

Temas de seguridad	Accidentes/ Incidentes

Resumen del trabajo realizado hoy

Firmar:	Nombre:

Equipo en el sitio:	Unidades	Trabajar	
		Sí	No

Empleados / Contratista	Acto	Compatible horario acordado	Horas extras

Materiales suministrados	Desde y precio	Equipo alquilado	Unidades

Notas

Fecha:		Dia:	Lun	Mar	Mie	Jue	Vie	Sab	Dom
Capataz									
Contacto:									

Horas perdidas por mal tiempo	Visitante

Las condiciones climáticas

AM	PM

Horario	Problemas/retrasos
Fecha de realización:	
Días antes de lo previsto:	
Días de retraso:	

Temas de seguridad	Accidentes/ Incidentes

Resumen del trabajo realizado hoy

Firmar:	Nombre:

Equipo en el sitio:	Unidades	Trabajar	
		Sí	No

Empleados / Contratista	Acto	Compatible horario acordado	Horas extras

Materiales suministrados	Desde y precio	Equipo alquilado	Unidades

Notas

<table>
<tr><td>Fecha:</td><td></td><td colspan="2">Dia: Lun Mar Mie Jue Vie Sab Dom</td></tr>
<tr><td>Capataz</td><td colspan="3"></td></tr>
<tr><td>Contacto:</td><td colspan="3"></td></tr>
</table>

Horas perdidas por mal tiempo	**Visitante**

Las condiciones climáticas	
AM	PM

Horario		**Problemas/retrasos**
Fecha de realización:		
Días antes de lo previsto:		
Días de retraso:		

Temas de seguridad	**Accidentes/ Incidentes**

Resumen del trabajo realizado hoy

Firmar:	**Nombre:**

Equipo en el sitio:	Unidades	Trabajar	
		Sí	No

Empleados / Contratista	Acto	Compatible horario acordado	Horas extras

Materiales suministrados	Desde y precio	Equipo alquilado	Unidades

Notas

Fecha:		Dia:	Lun Mar Mie Jue Vie Sab Dom
Capataz			
Contacto:			

Horas perdidas por mal tiempo	Visitante

Las condiciones climáticas	
AM	PM

Horario		Problemas/retrasos
Fecha de realización:		
Días antes de lo previsto:		
Días de retraso:		

Temas de seguridad	Accidentes/ Incidentes

Resumen del trabajo realizado hoy

Firmar:	Nombre:

Equipo en el sitio:	Unidades	Trabajar	
		Sí	No

Empleados / Contratista	Acto	Compatible horario acordado	Horas extras

Materiales suministrados	Desde y precio	Equipo alquilado	Unidades

Notas

Fecha:		Dia:	Lun Mar Mie Jue Vie Sab Dom
Capataz			
Contacto:			

Horas perdidas por mal tiempo | Visitante

Las condiciones climáticas

AM	PM

Horario | Problemas/retrasos

Fecha de realización:	
Días antes de lo previsto:	
Días de retraso:	

Temas de seguridad | Accidentes/ Incidentes

Resumen del trabajo realizado hoy

Firmar:	Nombre:

| Equipo en el sitio: | Unidades | Trabajar | |
		Sí	No

Empleados / Contratista	Acto	Compatible horario acordado	Horas extras

Materiales suministrados	Desde y precio	Equipo alquilado	Unidades

Notas

| Fecha: | | Dia: | Lun | Mar | Mie | Jue | Vie | Sab | Dom |

Capataz

Contacto:

Horas perdidas por mal tiempo	Visitante

Las condiciones climáticas

AM	PM

Horario	Problemas/retrasos
Fecha de realización:	
Días antes de lo previsto:	
Días de retraso:	

Temas de seguridad	Accidentes/ Incidentes

Resumen del trabajo realizado hoy

Firmar:	Nombre:

Equipo en el sitio:	Unidades	Trabajar	
		Sí	No

Empleados / Contratista	Acto	Compatible horario acordado	Horas extras

Materiales suministrados	Desde y precio	Equipo alquilado	Unidades

Notas

Fecha:		Dia:	Lun	Mar	Mie	Jue	Vie	Sab	Dom
Capataz									
Contacto:									

Horas perdidas por mal tiempo	Visitante

Las condiciones climáticas

AM	PM

Horario	Problemas/retrasos
Fecha de realización:	
Días antes de lo previsto:	
Días de retraso:	

Temas de seguridad	Accidentes/ Incidentes

Resumen del trabajo realizado hoy

Firmar:	Nombre:

Equipo en el sitio:	Unidades	Trabajar	
		Sí	No

Empleados / Contratista	Acto	Compatible horario acordado	Horas extras

Materiales suministrados	Desde y precio	Equipo alquilado	Unidades

Notas

Fecha:		Dia:	Lun	Mar	Mie	Jue	Vie	Sab	Dom
Capataz									
Contacto:									

Horas perdidas por mal tiempo	Visitante

Las condiciones climáticas	
AM	PM

Horario	Problemas/retrasos
Fecha de realización:	
Días antes de lo previsto:	
Días de retraso:	

Temas de seguridad	Accidentes/ Incidentes

Resumen del trabajo realizado hoy

Firmar:	Nombre:

Equipo en el sitio:	Unidades	Trabajar	
		Sí	No

Empleados / Contratista	Acto	Compatible horario acordado	Horas extras

Materiales suministrados	Desde y precio	Equipo alquilado	Unidades

Notas

| Fecha: | | **Dia:** | Lun | Mar | Mie | Jue | Vie | Sab | Dom |

Capataz

Contacto:

Horas perdidas por mal tiempo	Visitante

Las condiciones climáticas

AM	PM

Horario	Problemas/retrasos
Fecha de realización:	
Días antes de lo previsto:	
Días de retraso:	

Temas de seguridad	Accidentes/ Incidentes

Resumen del trabajo realizado hoy

Firmar:	Nombre:

Equipo en el sitio:	Unidades	Trabajar	
		Sí	No

Empleados / Contratista	Acto	Compatible horario acordado	Horas extras

Materiales suministrados	Desde y precio	Equipo alquilado	Unidades

Notas

Fecha:		Dia:	Lun Mar Mie Jue Vie Sab Dom
Capataz			
Contacto:			

Horas perdidas por mal tiempo

Visitante

Las condiciones climáticas

AM	PM

Horario

Fecha de realización:

Días antes de lo previsto:

Días de retraso:

Problemas/retrasos

Temas de seguridad

Accidentes/ Incidentes

Resumen del trabajo realizado hoy

Firmar:

Nombre:

Equipo en el sitio:	Unidades	Trabajar	
		Sí	No

Empleados / Contratista	Acto	Compatible horario acordado	Horas extras

Materiales suministrados	Desde y precio	Equipo alquilado	Unidades

Notas

Fecha:		Dia:	Lun Mar Mie Jue Vie Sab Dom
Capataz			
Contacto:			

Horas perdidas por mal tiempo	Visitante

Las condiciones climáticas	
AM	PM

Horario		Problemas/retrasos
Fecha de realización:		
Días antes de lo previsto:		
Días de retraso:		

Temas de seguridad	Accidentes/ Incidentes

Resumen del trabajo realizado hoy

Firmar:	Nombre:

Equipo en el sitio:	Unidades	Trabajar	
		Sí	No

Empleados / Contratista	Acto	Compatible horario acordado	Horas extras

Materiales suministrados	Desde y precio	Equipo alquilado	Unidades

Notas

Fecha:		Dia:	Lun	Mar	Mie	Jue	Vie	Sab	Dom
Capataz									
Contacto:									

Horas perdidas por mal tiempo	Visitante

Las condiciones climáticas

AM	PM

Horario	Problemas/retrasos
Fecha de realización:	
Días antes de lo previsto:	
Días de retraso:	

Temas de seguridad	Accidentes/ Incidentes

Resumen del trabajo realizado hoy

Firmar:	Nombre:

Equipo en el sitio:	Unidades	Trabajar	
		Sí	No

Empleados / Contratista	Acto	Compatible horario acordado	Horas extras

Materiales suministrados	Desde y precio	Equipo alquilado	Unidades

Notas

www.ingramcontent.com/pod-product-compliance
Lightning Source LLC
LaVergne TN
LVHW011026200726
843509LV00011B/1204